EMF2-0038
合唱楽譜<J-POP>
J-POP
CHORUS PIECE

合唱で歌いたい！ J-POPコーラスピース

女声2部合唱

明日への扉

作詞・作曲：ai　合唱編曲：浅野由莉

JN149862

●●● 曲目解説 ●●●

I WiSHのデビューシングルで、恋愛ソングや卒業ソングとして支持されている楽曲です。原曲は、川嶋あいの『旅立ちの日に…』で、卒業ソングとして作曲されました。一度聴くと忘れられない独特な魅力を持つこの曲は、誰もが一度は聴いたことがあるのではないでしょうか。「天使の歌声」と称賛された透明感のある声で多くの人を癒したこの楽曲。女声2部合唱ならではの優しく透きとおる響きで、聴く人をやさしく包み込みます。

【この楽譜は、旧商品『明日への扉（女声2部合唱）』（品番：EME-C0005）とアレンジ内容に変更はありません。】

ELEVATO
MUSIC ENTERTAINMENT

明日への扉

作詞・作曲:ai　合唱編曲:浅野由莉

10
A
る あせー Tーーシャツー であ ったこいー だれ よりもー かがー やくー きみ ー をみてー はじ
mp
Uh
Uh
D A/C♯ Bm Bm7/A G D/F♯ Em7 Asus4 A
mp
14
め てのー きもー ちをー みつ ーけたよー あら た なたー びがー はじ ー まるー
Uh
あめ
D F♯ Bm Bm7/A G A Dsus4 D
18
B
あおーいかぜー
おいこして
あ がりー きまー ぐれー あお ーいかぜー つよ い ひざー しいー つかー おいー こしてー これ
D A Bm Bm7/A G D/F♯ Em7 A

22
mf
Uh
Uh
うら
mf
からえーがいーて(い)くーこい ーのいろー はじまりのーぺーージいーろどー るよー うら
D F♯ F♯/A♯ Bm Bm7/A G Asus4 A Dsus4 D F♯/A♯
26
C
ないざーっしーAh ほしに ふたりのみーらいをー かさねてみーるのーAh かさ
ないざーっしー ふたつのほーしにー Ah みらいをかさねてみーるのー かさ
Bm F♯m G A7 D F♯/C♯ Bm A G A D F♯/A♯
mf
30
f
ぶただーらけーAh こころ あなたのやーさしーさでーふさー がるー いつのまに
ぶただーらけー とれないこーころー あなたのやーさしーさでーふさー がるー
Bm F♯m G A7 D G Asus4 A

34
D
f
か すきまあいた こころが ーみたーさ れーて(い)く Uh いつのひに
Uh ふとしたしゅーんかーんの さりげないしぐさー
D A/C♯ Bm F♯m/A G D/F♯ Em A
f
38
か ゆめをかたる あなたの ーかおーを ずーっと みつ めていーたいー ほほえんで いたいー
Uh みつ めていーたいー ほほえんで いたいー
D A/C♯ Bm F♯m G A Dsus4 D
mf
42
E
mf
たい
GM9 A Bm D/B♭ Dsus4/A Bsus4/A♭ G A

46
F
mf
たい せ つ まもるとき ふみ だせ る ゆ う き
せ つなー なにー かをー まも ーるときー ふみ だ せるー いーっ ぽ がー ゆう ー きならー きず
D A Bm Bm7/A G D/F♯ Em7 A
50
に げ だ し ー て と お ま わ り いき
つ くこー とかー ーらー に げ ーだしてー いつ も ただー とおー まわー りば ー かりー いき
D F♯ F♯/A♯ Bm Bm7/A G Asus4 A Dsus4 D F♯/A♯
54
G
ば なくー したー Ah___ ク セ が ここ ろ のなー かでー とま どって いー るよー Ah__ はじ
ば なくー したー つよ が りのークセがー Ah_____ こ ころ で とま どって いー るよー はじ
Bm F♯m G A7 D F♯/C♯ Bm A G A D F♯/A♯

58
めてしーったー Ah
おもい
ことばよりーなみーだあーふれー
ーてくるー
めてしーったー
あなたのおーもいにー
ことばよりーなみーだあーふれー
ーてくるー すこしはば
f
Bm F#m G A7 D G Asus4 A
H
62
f
Uh
Uh
Uh
のちがうあしで いっぽずーつあーるこーうね
ふたりであーゆむーみち でこぼこーのみちー ふたつおり
D A/C# Bm F#m/A G D/F# Em A
f
66
しょうじきにーいまー つたえようーー
のしろいちずに しるすちいさなーけつーいを
しょうじきにーいまー つたえようーー
D A/C# Bm F#m G A Dsus4 D
mf

70
I
D
A/C♯
Bm7
F♯m/A
G
D/F♯
Em7
F♯m/A
A7
74
Uh
Uh
D
A/C♯
Bm
F♯m/A
8va
G
A7
Asus4/D
D
F♯
f
3
78
J
ff
みみもとできこ えるー ふたり のメー ロディー あふれ だすー なみ だ こらー えてー
ff
みみもとできこ えるー メ ロ ディー Uh だすー なみ だ こらー えてー
Bm
F♯m/A
G
A
D
Bm
F♯m/A
G
A
ff

82
p
ありきたりのこ とばー あな たにいー うよー 「これ か らもー ずーっ といっしょ だ よ ね…」ー お さえきれ
ありきたりのこ とばー Uh いうよー 「これか らもー ずーっ とい っしょだ よ ね…」ー
Bm F♯m/A G A D G Dsus4/A A
K
86
ない このきもちが にじゅう ご ー じのーそ らーから ひか る しずー くとーして ふ り そそー いだー
p
きがついた
D A/C♯ Bm F♯m/A G D/F♯ Em7 Asus4 A
p
90
Uh
f
ことばがい
ら こころのなか やさしい ーかぜーが ふーいて あす へのとー びらー そっと ひらくー ー ことばがい
f
D A/C♯ Bm F♯m G A Dsus4 D

94 L
まときをこえて　えいえんーをつーきぬーける　いくつものーきせーつを　とおりすーぎてー　たどりつい
まときをこえて　えいえんーをつーきぬーける　いくつものーきせーつを　とおりすーぎてー　たどりつい
D　A/C♯　Bm　F♯m/A　G　D/F♯　Em　A
f
98
た　ふたりのばしょ　ながすぎーたたーびのーあと　ちかったあーいをー　そだてようーー
た　ふたりのばしょ　ながすぎーたたーびのーあと　ちかったあーいをー　そだてようーー
D　A/C♯　Bm　F♯m　G　A　Dsus4　D
mf
102
rit.
GM9　A　Bm　D/B♭　Dsus4/A　Bsus4/A♭　G　A　D

明日への扉

作詞：ai

光る汗、Tシャツ、出会った恋　誰よりも輝く君を見て
初めての気持ちを見つけたよ　新たな旅が始まる

雨上がり、気まぐれ、蒼《あお》い風　強い日差し　いつか追い越して
これから描《えが》いて行《い》く恋の色　始まりのページ彩《いろど》るよ

占い雑誌　ふたつの星に　二人の未来を重ねてみるの
かさぶただらけ　とれない心　あなたの優しさでふさがる

いつの間にか　すきま空《あ》いた　心が満たされて行く
ふとした瞬間の　さり気《げ》ない仕草
いつに日にか　夢を語る　あなたの顔をずっと
見つめていたい　微笑《ほほえ》んでいたい

大切な何かを守るとき　踏み出せる一歩が勇気なら
傷つくことから逃げ出して　いつもただ遠回りばかり

行き場なくした強がりのクセが　心の中で戸惑っているよ
初めて知ったあなたの想いに　言葉より涙あふれてくる

少し幅の違う足で　一歩ずつ歩こうね
二人で歩む道　でこぼこの道
二つ折りの白い地図に　記《しる》す小さな決意を
正直に今　伝えよう

耳元で聞こえる二人のメロディー　溢《あふ》れ出す涙こらえて
ありきたりの言葉　あなたに言うよ　「これからもずっと一緒だよね…」

抑えきれない　この気持ちが　25時の空から
光る滴《しずく》として　降り注《そそ》いだ
気がついたら　心の中　やさしい風が吹《ふ》いて
明日《あす》への扉　そっと開く

言葉が今　時を越えて　永遠《えいえん》を突き抜ける
幾《いく》つもの季節を通り過ぎて
たどり着いた　二人の場所　長すぎた旅のあと
誓った愛を育てよう

ELEVATO
MUSIC ENTERTAINMENT

エレヴァートミュージックエンターテイメントはウィンズスコアが
展開する「合唱楽譜・器楽系楽譜」を中心とした専門レーベルです。

ご注文について

エレヴァートミュージックエンターテイメントの商品は全国の楽器店、ならびに書店にてお求めになれますが、店頭でのご購入が困難な場合、当社PC＆モバイルサイト・電話からのご注文で、直接ご購入が可能です。

◎当社PCサイトでのご注文方法

http://elevato-music.com

上記のアドレスへアクセスし、WEBショップにてご注文ください。

◎お電話でのご注文方法

TEL.0120-713-771

営業時間内に電話いただければ、電話にてご注文を承ります。

◎モバイルサイトでのご注文方法

右のQRコードを読み取ってアクセスいただくか、
URLを直接ご入力ください。